VOICI!

An Intermediate Course in French for Adults

Jacqueline Gonthier and Crispin Geoghegan

Support Book

PART OF HACHETTE LIVRE UK

Orders: please contact Bookpoint Ltd, 130 Milton Park, Abingdon, Oxon OX14 4SB. Telephone: (44) 01235 827720. Fax: (44) 01235 400454. Lines are open from 9.00 to 5.00, Monday to Saturday, with a 24-hour message answering service. You can also order through our website www.hoddereducation.co.uk

British Library Cataloguing in Publication Data
A catalogue record for this title is available from The British Library

ISBN: 978-0-340-72115-5

First published 1998. Revised reprint 2005
Impression number   15 14 13
Year   2011

Copyright © 1998 Jacqueline Gonthier and Crispin Geoghegan
All rights reserved. No part of this publication may be reproduced or transmitted in any form or by any means, electronic or mechanical, including photocopy, or any information storage and retrieval system, without permission in writing from the publisher or under licence from the Copyright Licensing Agency Limited. Further details of such licences (for reprographic reproduction) may be obtained from the Copyright Licensing Agency Limited, of Saffron House, 6-10 Kirby Street, London EC1N 8TS.

Typeset by Fakenham Photosetting Limited, Fakenham, Norfolk.
Printed in Great Britain for Hodder Education, an Hachette UK company, 338 Euston Road, London NW1 3BH by CPI Antony Rowe

Contents

Key to exercises   page 3
Transcripts   page 43
Audio content   page 63

Key to exercises

Unité 1

Activité 1

a) Je suis mince.
b) Je suis grand et mince.
c) Il est gros/fort.
d) Elle est grande.

Activité 3

fiche signalétique: Alain Rollat

âge 37 ans; taille 1,85m; corpulence: mince; cheveux: châtains, courts; autres signes distinctifs: moustache, lunettes

fiche signalétique: Pierre Georges

âge 49 ans; taille moyenne; corpulence: moyenne cheveux: gris

Activité 4

The correct photo is c).

Activité 5

jeune, jolie, élégante, grande, mince, cheveux, châtains, longs, bouclés, tailleur, bleu marine, blanc.

Activité 7

1. cultivated, sensitive, intelligent.
2. generous, open-minded, affectionate.
3. around fifty.
4. single, 40, farmer, catholic
5. he wants to marry for love.

2 Unité I Activité 13

Activité 8

- People who choose a red car are impulsive, extrovert and ambitious.
- People who like blue cars lack imagination.
- People who like green cars tend to work in customer or public relations.
- Accountants usually choose grey cars.

Activité 10

Le poste idéal pour Christophe est chef de publicité.

Activité 11

La main 'terre'

a) square palms
b) hands
c) reliable
d) honest
e) change
f) flexibility

La main 'air'

a) massive
b) longer, thinner
c) communicators
d) change
e) action

Activité 12

a) rectangulaire
b) longs
c) dynamique / enthousiaste
d) enthousiaste / dynamique
e) diversité
f) régulière
g) difficultés

Activité 13

entendu; pas entendu; entendu; entendu; pas entendu

En pratique 1

a) des cheveux châtains
b) une corpulence moyenne
c) un grand homme
d) un nouveau parapluie
e) des femmes minces
f) une grande salle
g) une belle voiture
h) une employée heureuse
i) une secrétaire gentille

En pratique 2

a) blanche
b) marron
c) bleu-nuit
d) grise
e) noires

En pratique 3

a) La superficie de l'Angleterre est plus petite que la superficie de la France.
b) Un champion de judo est moins gros qu'un champion de sumo.
c) Les garçons sont aussi intelligents que les filles.
d) Le temps en hiver est plus froid que le temps en été.

En pratique 4

a) cet homme b) cette directrice c) cette employée d) ce doigt-ci
e) cette main f) cet employé g) ce candidat h) ce directeur

En pratique 5

a) ceux b) celles c) celui d) celle

4 Unité 2 Activité 4

Faisons le point!

1a) Il est **plus grand que** son frère.
b) Monsieur Ducroq **est le membre le plus compétent** de l'équipe pour ce travail.
c) Notre représentant est **le meilleur** de la région.
d) Nous sommes **une petite équipe** mais nous sommes très **dynamiques**.
e) Les doigts de la main terre ne sont pas **aussi longs que** ceux de la main eau.
f) De Gaulle est **un grand homme** dans l'histoire de France. Il était aussi un **homme grand**.

2 Mes soeurs? eh bien, elles sont toutes les deux **jeunes** et **jolies**. Julie est **grande** et **mince**. Elle a les cheveux **blonds** très **longs** et les yeux **marron**. Roxane est plus **petite** et assez **forte**; ses cheveux **roux** sont **bouclés** et elle a les yeux **verts**.

3a) Cette; celle b) Cette; ceux c) Celui d) Ce; cette e) Ces; ceux
f) Ces; celles

Unité 2

Activité 2

Elle se réveille à 6 heures.
Elle se lève à 7 heures.
Elle s'habille à 8 heures.
Elle rentre à 18 heures.
Elle se couche à 22 heures.

Activité 3

a) Simone b) Michel c) Patrick

Activité 4 possible answers

a) Simone tape des factures, elle voit beaucoup de gens et elle aime ça.

- b) Michel s'assoit, se lève, se penche, il travaille dans des positions inconfortables.
- c) Patrick n'est jamais seul, il parle tout le temps, il est très patient, il fait un métier fatigant et il a besoin de longues vacances.

Activité 5

a) à 5 h et demie b) les jours c) le dimanche d) jusqu'à
e) s'occupe f) vers g) jusqu'en fin h) chaque i) une fois par

Activité 7

- a) The French eat less bread (mangent moins de pain). Bread is cheaper in supermarkets (les supermarchés font des prix plus attractifs). A baker's life is hard (la vie d'un artisan boulanger est dure). The young are not interested any more (les jeunes ne désirent plus apprendre le métier).
- b) He has to make the dough and let it rise gently (il doit faire la pâte et la laisser lever tout doucement).
- c) The bread comes out of the oven (le pain sort du four).
- d) He goes on his rounds to deliver the bread (il part en tournée).
- e) From 7 a.m. to 7 p.m., it is closed between 1 and 3 p.m. (de sept heures du matin jusqu'à sept heures du soir, avec une fermeture de treize heures à quinze heures).
- f) Six days a week (six jours sur sept).
- g) One day a week is not enough to relax (une journée de loisir par semaine n'est pas suffisante pour se détendre).

Activité 9

- a) He is tired (fatigué).
- b) Karate, swimming, windsurfing, cycling, tennis.
- c) Nearly every day before going to work (presque tous les matins avant d'aller au travail).
- d) Antoine should rest (reposez-vous!).

6 Unité 2 En pratique 2

Activité 10

a) Elle fait du jogging.
b) Il fait de la natation.
c) Ils font du judo.
d) Elle fait du canoë-kayak.
e) Il fait du ski de descente.
f) Il fait du ski de fond.
g) Il fait du roller.
h) Il fait du tennis de table (ping-pong).

Activité 11

Dame: Oui, tennis, piscine, promenades, le week-end.
Jeune fille: Oui, judo, natation, ping-pong toutes les semaines, ski de descente pendant les vacances d'hiver.
Monsieur: Oui, natation pendant les vacances.

Activité 12

a) Pas entendu b) Entendu c) Entendu d) Pas entendu
e) Entendu f) Pas entendu

Activité 13

En général le week-end je lave la voiture, je fais les courses au marché, je fais du bricolage et je fais aussi le ménage.

En pratique 1

a) t'occupes b) se lève c) me réveille d) se rase e) nous couchons
f) s'habillent g) vous regardez h) s'assoit

En pratique 2

a) fais b) levez-vous c) reposons-nous d) parlez e) va; regarde
f) ne nous arrêtons pas

En pratique 3

a) toute la b) toute la c) tous les d) Toutes e) tous les f) toute la

En pratique 4

a) rarement b) vivement c) premièrement d) naturellement
e) heureusement f) régulièrement g) joyeusement h) parfaitement

Faisons le point!

1 Je **suis** fatigué, mais il **est** vrai que **j'ai** une vie très stressante. Je **travaille** à Paris et je **prends** le train tous les jours. Je **me lève** donc à cinq heures du matin, je **vais** en voiture jusqu'à la gare. Je **finis** ma journée à six heures à Paris et le soir **j'arrive** à la maison à huit heures. Je **me change** rapidement et je **me lave** pour me débarrasser de la poussière de la capitale! Ensuite je **dîne**, je **regarde** un peu la télé et je me **couche** à dix heures et demie, et le lendemain, ça **recommence**!

2 I am tired but it is true that I have a very stressful life. I work in Paris and I take the train every day. So I get up at 5 o'clock in the morning, I drive to the station. I finish my day at 6 o'clock in Paris and in the evening I get home at 8 o'clock. I get changed quickly and get washed to get rid of the dust of the capital. Then I eat, I watch the TV a bit and I go to bed at 10.30, and the next day, it starts again!

3a) tous les jours
b) toute la soirée
c) tous les ans au mois de juin
d) tous les mois
e) chaque mardi

4a) facilement
b) fréquemment
c) bien
d) heureusement
e) souvent
f) quelquefois / parfois
g) souvent, mal

5a) Couche-toi plus tôt!
b) Reposons-nous maintenant!
c) Allez régulièrement à la piscine!
d) Dites pourquoi vous refusez!
e) Il est 8 heures, habille-toi!

6a) Ne vous levez pas!
b) Ne nous penchons pas!
c) Ne te rase pas tous les jours!
d) Ne nous réveillons pas trop tôt!

7a + 4; b + 3; c + 5; d + 6; e + 1; f + 2

Unité 3

Activité 1 possible answers

1 Le fruit aime la chaleur et l'humidité et se développe très bien en altitude.
2 Grillé.
3 Elles n'ont pas beaucoup de sympathie, ensuite le pape déclare qu'il est agréable à boire.
4 Au 17e siècle.
5 Ils aiment le produit tout de suite.
6 Au matin et après les repas.
7 C'est un stimulant nerveux et il favorise la digestion.
8 Le café!

Activité 2

a) No, she thinks it's awful (*c'est affreux*).
b) Two (*une le matin et une après le dîner*).
c) Average strength (*moyen, moyen*).
d) No, he no longer drinks coffee because of his health (*je ne peux plus en boire pour raison de santé*).
e) Yes he does, he likes strong coffee with lots of sugar (*j'aime le bon café, fort, bien sucré*).
f) Strong, without any sugar.
g) No, never after 4 p.m. (*je n'en prends plus après 16 heures*).

Activité 3

a) En Finlande. b) En Italie. c) Non. d) 5,95 kg par an.

Activité 9

a) in the Brenne, 50 km south of Tours.
b) self catering in the village (*un gîte*).
c) biking, cycling, bird watching (*ont vu toutes sortes d'oiseaux intéressants*).
d) beginning of September (*au début du mois de septembre*).
e) package holiday (*un voyage organisé*), discovery tour (*la formule circuit aventure*).
f) museum, prison labour camp, rocket launching site.

Activité 10 possible answer

Cher Christophe,
Nous sommes maintenant revenus à Newbury. Nous avons passé des vacances excellentes. Nous sommes allés en Écosse où nous avons passé une quinzaine au début du mois d'août. Nous avons loué une maison et visité Edimbourg. Magnifique! nous avons fait des randonnées à pied. Nous avons beaucoup aimé la cuisine régionale, mais nous n'avons pas vu le monstre du Loch Ness! Malheureusement, nous avons eu de la pluie et un temps froid!
Bien à toi.

Activité 12

a) vrai b) vrai c) faux d) vrai e) faux f) vrai

Activité 13

- née à Turin
- en 1970
- arrivée en France en 1974
- études à Grenoble
- arrivée à Paris en 1989

- a étudié l'art dramatique pendant 3 ans
- premier rôle en 1991 à l'âge de 21 ans
- activités: films, télévision
- en 1995 théâtre
- mariée il y a 2 ans
- enfants – une fille
- 6 mois

Activité 14

a) Portsmouth
b) Français, Economie, Chimie
c) barman et il a travaillé comme assistant dans un camping pendant l'été 2003
d) Oui
e) Ringwood

En pratique 1

a) au; dans b) en c) au d) à e) aux f) dans

En pratique 2

a) j'ai passé
b) a fini
c) avons découvert
d) avez vendu
e) tu n'as pas pu
f) ont vu
g) a eu

En pratique 3

a) sommes allés
b) sont retournés
c) ne sont pas revenues
d) suis passée
e) est monté, est parti

Unité 3 Faisons le point!

En pratique 4

a) habitons b) j'apprends c) n'ai pas rencontré d) téléphone
e) a travaillé f) parlez

En pratique 5

a) Quel b) quelle c) quelles d) quels e) quelle

Faisons le point!

1a) ai vu
b) ont travaillé
c) avons eu
d) as vendu
e) est née, a passé
f) sont entrées, sont sortis
g) sont arrivées
h) n'a pas fini
i) sont allés

2a) depuis
b) depuis
c) pendant
d) depuis
e) depuis
f) il y a
g) depuis
h) pendant
i) depuis
j) pendant
k) il y a

3a) quel
b) qu'
c) quels
d) qui
e) que
f) qui
g) quelles

Unité 4

Activité 1

a) factory visits (*le tourisme industriel*).
b) nuclear power stations (*les centrales nucléaires*).
c) 45% of German companies are open to visitors, only 15% of French companies are open to visitors (*45% des entreprises allemandes sont ouvertes aux visiteurs, 15% des entreprises françaises seulement ouvrent leurs portes au public*).
d) they no longer want to sit in the sun all day (*on ne bronze plus idiot*), they want to improve their culture (*on se cultive pendant ses loisirs*).

Activité 3

a) maintenance manager (*directeur de maintenance*).
b) he is going to give a brief history and explain the present industrial process (*faire un bref historique de la société et ensuite vous expliquer brièvement le processus industriel actuel*).
c) 1828.
d) Napoléon 1er.
e) on horse-drawn carts (*sur des chariots à chevaux*).

Activité 4

Ah! quand j'**étais** jeune, on **travaillait** un peu plus! J'**ai commencé** à travailler quand j'**avais** 14 ans. Je **devais** me lever à 5 heures tous les matins. Je **prenais** le train avec mon frère à six heures; nous **allions** ensemble à l'usine où nous **faisions** équipe. On **revenait** de la ville tard le soir et ma mère nous **attendait** toujours avec le dîner. En général nous **étions** trop fatigués pour nous amuser et nous nous **couchions** très tôt. Ce **n'était** pas encore la semaine de 39 heures et il n'y **avait** pas 5 semaines de vacances par an comme maintenant mais tout le monde **était** plus heureux!

Unité 4 Activité 13   **13**

Activité 5

a) pique-niquions
b) s'amusaient, lisais
c) était, était
d) dînait
e) me couchais, me levais

Activité 6 possible answer

Salut!
Nous avons passé des vacances formidables à St Tropez. Pour vous donner une idée de notre routine pendant ces trois semaines, nous nous promenions tous les jours le long de la plage et nous faisions souvent des randonnées à VTT. Nous sortions tous les soirs et nous allions régulièrement dans les discos.

Activité 8

a) XIème siècle; servait de prison
b) XVIème siècle; Renaissance
c) Résidence des rois de France; Jeanne d'Arc a rencontré le futur roi Charles VII
d) Renaissance; à l'entrée de la ville; servait de beffroi

Activité 12

- Est-ce qu'on transportait les racines par route, par train / voie ferrée?
- Est-ce qu'on utilise / que vous utilisez beaucoup d'eau pour laver les racines?
- Est-ce qu'on fait / vous faites cuire les racines?
- Comment extrayez-vous le sucre de l'eau?

Activité 13

a) Vrai
b) Vrai

14 Unité 4 En pratique 3

c) Vrai
d) Vrai
e) Faux

Activité 14 possible answers

À l'époque de Napoléon Ier, les exploitations agricoles étaient beaucoup plus petites, maintenant elles sont plus grandes. Avant, on transportait les betteraves sur des chariots à chevaux alors que maintenant les camions arrivent et déchargent les betteraves sur un tapis roulant.
Au 19ème siècle, les employés travaillaient très dur physiquement tandis qu'aujourd'hui tout est automatique.
Au début, on utilisait beaucoup d'eau pour laver les racines mais à l'heure actuelle on recycle l'eau d'évaporation et on lave les betteraves avec l'eau récupérée.

En pratique 1

a) travaillais
b) allaient
c) était, étaient
d) fonctionnait
e) étais, pouvais

En pratique 2

a) moins
b) plus de
c) plus de, moins d'
d) plus, que

En pratique 3

a) meilleure
b) le meilleur
c) mieux

d) la meilleure
e) meilleure que
f) les meilleurs

Faisons le point!

1 a) recevais, travaillais
b) cultivait
c) voulaient
d) pouvions, c'était
e) partait
f) prenaient, faisaient

2 a) dormait, a sonné
b) étions, est arrivé
c) est sortie, pleuvait
d) avait, sommes parti(e)s
e) était, était, sommes revenu(e)s

3 a) plus de fermes, plus petites
b) plus automatisé qu'
c) aussi stratégique qu'
d) moins d'employés, plus efficacement
e) meilleure que
f) mieux qu'

Unité 5

Activité 2

a) Samedi matin je vais acheter un nouveau jean et un ou deux CD et puis l'après-midi je vais faire les courses au supermarché. Samedi soir avec Corinne nous allons passer quelques heures à la nouvelle discothèque.
b) Samedi matin je vais réparer ma voiture. L'après-midi on va certainement aller en ville. Et puis dimanche je vais faire la cuisine.

16 Unité 5 Activité 7

c) Nous allons partir ce week-end. Samedi on va d'abord visiter le musée du Louvre puis on va dîner dans un bon restaurant. Dimanche nous allons nous promener le long de la Seine et puis il y a un spectacle.

Activité 5

a) In a bag, carrying it (*à la main*) or in the boot (*dans le coffre*).
b) You will fold it into three.
c) No, it's toothpaste.
d) It will eliminate plaque.
e) You mix the cubes with twice their volume of water.
f) It's for gardening in a flat.

Activité 6

En 2050, la vie **sera** très différente. Nous **aurons** d'abord beaucoup plus de temps libre; il y **aura** un robot dans chaque maison qui **fera** la cuisine, **tondra** la pelouse et **lavera** la voiture.

Grâce aux nouveaux moyens de transport, le monde **deviendra** très petit. Nous **pourrons** aller de Paris à New York en moins d'une heure et les Européens **iront** faire leurs courses à Sydney pour la journée.

Certains pays **souffriront** de surpopulation et **devront** construire des îles artificielles sur les océans qui, avec un climat plus chaud, **seront** immenses. Le Japon par exemple **aura** une dizaine de ces îles avec des gratte-ciel géants où **habiteront** vingt à trente mille personnes.

Activité 7

- J'irai en France avec un ami.
- Je descendrai dans le Midi à vélo.
- Je ferai les vendanges.
- Je visiterai les monuments de Paris.

Unité 5 En pratique 3   17

Activité 9

Édouard: moi, quand je serai grand . . . je serai pompier, je conduirai un gros camion rouge, j'irai toujours très vite parce que j'irai éteindre des feux.
Anne-Sophie: moi, quand j'aurai vingt ans je serai hôtesse de l'air, j'aurai toujours de beaux habits et je voyagerai partout dans le monde.

Activité 12

a) discuté
b) discuté
c) pas discuté
d) discuté
e) pas discuté
f) discuté

En pratique 1

a) va acheter
b) vais téléphoner
c) vont dîner
d) allons partir
e) allez faire

En pratique 2

a) ira
b) pourrai
c) ferez
d) devront
e) viendrai

En pratique 3

a) verras
b) téléphonerons, serons

18 Unité 6 Activité 1

c) ira
d) aurai, ferai
e) réserverez, arriverez

Faisons le point!

1a) j'irai
b) viendrons
c) j'obtiendrai
d) pourra
e) serons
f) fera
g) aurez

2a) aurons, sera
b) retourneront, prendra
c) louerons
d) partira, sera
e) fera, se reposera
f) aurez, pourrez

3a) suis allé(e)
b) partirons, serez
c) semble, est
d) a obtenu
e) auront
f) prendrai, relirai, irai, achèterai
g) a épousé, était
h) travaillaient

Unité 6

Activité 1

a) refurbished in 1999 (*aménagé en 1999*).
b) closed every Monday (*fermeture hebdomadaire le lundi*)
c) exhibitions of modern art (*expositions d'art contemporain*).

Unité 6 Activité 5

d) 21 bedrooms (2 to six beds), common room, dining area, bathroom, toilet. (*21 chambres de 2 à 6 lits, salle de convivialité, coin repas et sanitaires tout confort*).
e) overhead projector, flipchart and other conference boards (*matériel de rétroprojection, tableaux de conférences*).
f) you can hire a bicycle, there are 30 of them at the Moulin (*Les vélos peuvent être loués au Moulin qui en possède une trentaine à son actif*).

Activité 2 possible answer

. . . qu'il sera possible d'héberger au gîte de groupe communal Le Moulin votre groupe d'une dizaine de personnes. Nous réserverons des chambres (de 2 à 6 lits) pour les 2 nuits du 25 et 26 mars. Vous pouvez louer des vélos tout terrain pour la journée du samedi: Le Moulin en possède une trentaine. Nous serons heureux de vous proposer notre salle pour votre conférence de juillet: elle peut recevoir 80 personnes et possède un matériel de rétroprojection et des tableaux de conférence.
Je me tiens à votre disposition pour tous renseignements complémentaires et vous prie d'agréer, Monsieur, l'expression de mes salutations distinguées.

Activité 4

a) Cancellation of a booking.
b) A double room (*une chambre double*).
c) 15 and 16 May.
d) Yes.
e) For the nights of 2 and 3 June (*pour les nuits du 2 et du 3 juin*).
f) We haven't got any, there are no vacancies (*tout est complet pour cette date*).

Activité 5

Madame Dutour: 6 personnes; 03 22 45 56 67; du 2 au 9 août.
M. Lesage: 6 personnes et un enfant de 2 ans; 14 rue Victor Hugo à Châteauroux; week-end du 15 mai.

Activité 6

Madame Dutour: La Barbinière N° 59.
Madame Lesage: Village Rouilly N° 450.

Activité 7

a) A written inventory (*un descriptif des lieux*).
b) When you arrive and when you leave.
c) Not fixed.
d) No, the prices are VAT included (*les prix seront toutes taxes comprises*).
e) Price per kilo or per item, the origin, the quality, the name of the variety, any spray or preservatives used.

Activité 8

- location: 45 mn west of Paris, magnificent park – quiet.
- Ten seminar rooms (2–250 persons) modern equipment, modular rooms, comfortable.
- Five dining rooms (2–120 personnes) simple or gastronomic meals, private dining rooms.
- Accommodation – 41 rooms and 4 flats.
- Tennis, 3 lounges, sauna, gym.

Activité 9

Service des réservations – Le Château des Mesnuls bonjour!
You – *You say hello, introduce yourself, you are the personnel director of Airmix European Services Ltd, you wish to book a residential weekend in June for a group of 23 persons, is it possible?* Bonjour Madame, je suis le directeur du personnel de Airmix European Services Limited. Je voudrais réserver un week-end d'études en juin pour un groupe de 23 personnes – est-ce possible?
Service des réservations – Un instant, je vérifie, juin est assez calme en général, c'est pour quelle date exactement?
You – *It's for 2 nights, the 28 and 29 of June.* C'est pour deux nuits, les 28 et 29 juin.

Unité 6 Activité 9

Service des réservations – Aucun problème pour 23 personnes, quel type de chambre désirez-vous réserver?
You – *You want 19 single bedrooms with bath and 2 double bedrooms with bath as well. Enquire about the price of each type of room.* Je voudrais réserver 19 chambres simples avec bains et deux chambres doubles avec bains également. Combien font les chambres s'il vous plaît?
Service des réservations – Alors, la chambre simple fait 100€, et la chambre double 145€, le petit déjeuner n'est pas inclus dans le prix. 10€ en supplément.
You – *Enquire about meals, you would like a light meal for lunch and a good meal in the evening, is it possible?* Et les repas, on voudrait un repas léger pour le déjeuner et un bon repas pour le soir, est-ce que c'est possible?
Service de réservations – Mais oui, comme vous l'avez certainement lu dans notre brochure nous adaptons les repas à votre rythme de travail et nous pouvons vous proposer un buffet froid au déjeuner, nos prix varient selon la formule choisie.
You – *Ask if she can send a list of possible options with prices?* Est-ce que vous pouvez m'envoyer une liste des formules avec les tarifs s'il vous plaît?
Service de réservations – Bien sûr, voulez-vous me rappeler votre nom et le nom de votre société et me l'épeler s'il vous plaît?
You – *Spell out your name and the name of the Airmix company.* Je m'appelle . . . et le nom de la société est Airmix (A.I.R.M.I.X.), Airmix European Services Ltd.
Service de réservations – (taps into her computer) Ah j'ai votre adresse, je vous ai déjà envoyé une brochure n'est-ce-pas?
You – *Yes but not the price list.* Oui, mais pas les tarifs.
Service de réservations – Eh bien je vous l'envoie tout de suite et je vous réserve les chambres; nous pourrons discuter les repas plus tard.
You – *Thank her and ring off.* Je vous remercie, au revoir madame.

Activité 10 possible answer

J'ai téléphoné au Château des Mesnuls. J'ai réservé les chambres pour le week-end du 28 et 29 juin. Le prix d'une chambre est de 100€ pour une chambre simple; le petit-déjeuner n'est pas inclus dans le prix. Pour les repas on peut nous proposer un buffet froid au déjeuner mais il y a différentes formules et nous pouvons adapter les repas à notre rythme de travail. Je vais recevoir les tarifs et nous allons discuter/nous discuterons les repas plus tard.

Activité 12

Monsieur,
Suite à notre entretien téléphonique j'ai le plaisir de vous confirmer la réservation de (2 chambres avec bains) pour les nuits (du 28 au 30 juin). Dans l'attente de vous recevoir dans notre établissement, je vous prie d'agréer . . .

En pratique 1

a) pourrons
b) devrez
c) voudra
d) voudront
e) pourront

En pratique 2

a) l'
b) les
c) le
d) nous
e) les

Faisons le point!

1a) Quand nous irons à Mézières nous pourrons louer des VTT.
b) Pour notre prochaine sortie écologique, les participants voudront passer deux nuits au gîte.

c) Dans quelques années tu voudras peut-être retourner en Brenne.
d) Dans quinze jours, ma femme devra téléphoner à l'hôtel.
e) Lorsque vous séjournerez à notre hôtel, est-ce que vous voudrez prendre vos repas?

2a) <u>Il</u> veut réserver une chambre mais est-ce qu'<u>il</u> <u>la</u> veut pour une ou deux nuits?
b) Les documents, est-ce que <u>vous</u> allez <u>les</u> envoyer?
c) <u>Je</u> connais bien son père; <u>je</u> <u>le</u> vois en général deux fois par an.
d) Les enfants? <u>Je</u> ne sais pas où <u>ils</u> sont, <u>je</u> <u>les</u> appelle mais <u>ils</u> ne reviennent pas.
e) <u>Vous</u> pouvez <u>me</u> laisser au coin de la rue, j'habite à 100 mètres de là.

3a) Voulez-vous le signer tout de suite?
b) Je la prends.
c) Nous ne les fournissons pas.
d) Regardez-les!
e) Appelle-nous!

4a) Compare les prix!
b) Signons le contrat!
c) Soyez prudents!
d) Va à la réunion!
e) Ces documents étudions-les!

Unité 7

Activité 1

25 ce sont Les Fortifications de Québec
23 c'est L'Église unie Chalmers-Wesley
56 c'est Le Sanctuaire Notre-Dame du Sacré-Coeur
47 c'est Le Musée des Ursulines
14 c'est La Chapelle des Ursulines

24 Unité 7 Activité 5

Activité 3

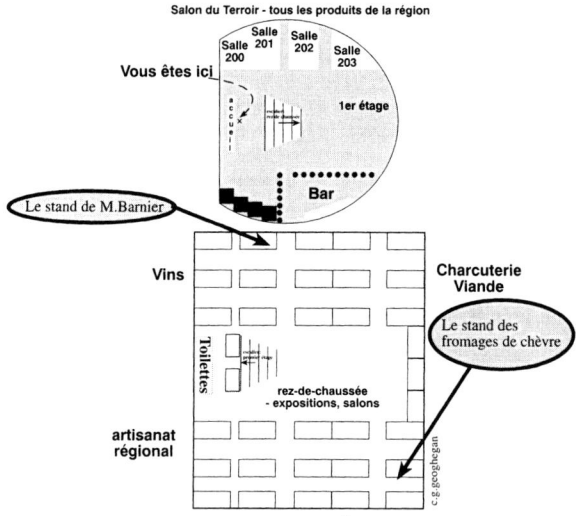

Activité 5

a) The restaurant is set in a beautiful park (2 ha ≈ 4 acres).
b) Wine and coffee.
c) Sixty Bluebell girls.
d) Dinner dance and show.
e) It won 9 awards.
f) *Zazie dans le métro* is a funny film, it's the story of a cheeky little girl in Paris.
g) Yes, *Astérix et le coup du menhir*.

Activité 6

a) entendu
b) pas entendu
c) pas entendu
d) entendu
e) pas entendu
f) entendu

En pratique

1a) Oui j'en veux un kilo.
b) Je n'en pense rien!
c) Oui, il en revient.
d) Non nous n'en avons pas trouvé.
e) Non je n'en ai pas.

2a) Oui il y habite en effet.
b) Nous y avons séjourné en effet.
c) Ils y vont en effet.
d) J'y ai fait une promenade en effet.
e) Elle y a trouvé sa carte de crédit en effet.

3a) leur
b) vous
c) lui
d) leur
e) me

Faisons le point!

1a) Et si on allait au musée cet après-midi?
b) Et si je téléphonais au centre de conférences?
c) Et si vous faisiez le tour de la vieille ville?
d) Et si on écrivait à l'Office du tourisme?

2a) J'en ai besoin.
b) Nous en avons pris trois.
c) Il en a répondu à une dizaine.
d) Elle en a donné deux.

3a) J'y vais tous les mois.
b) Il y a trouvé les lettres.
c) Vas-y demain.
d) N'y allez pas toute seule.

4a) Je leur ai parlé.
b) Tu ne lui as pas encore envoyé la carte.
c) Elle leur téléphone chaque semaine.
d) Mon grand-père nous donnait des cadeaux.

5a) Nous le revoyons toujours avec plaisir.
b) Je lui adresse la lettre?
c) Cela leur a permis de rencontrer des Français.
d) Il le demandera à l'employé.

Unité 8

Activité 2

a) Saturday / at Sandrine's / party with friends
b) now / at the café 'Le Globe' / drinks and something to eat
c) 24 April / restaurant Gai Soleil / cocktail party
d) next Friday / at Christiane's / lunch with friends

Activité 3 possible answers

a) Merci pour ton invitation – je dois travailler samedi, mais je dois me détendre aussi; alors je viendrai. Merci encore!
b) D'accord, oui, il y a une ambiance formidable au Globe et les sandwichs sont excellents.
c) Nous vous remercions pour votre invitation. Malheureusement nous ne pourrons pas venir. Je suis en effet en déplacement ce jour-là et je ne serai pas dans la région. Bien à vous.
d) Nous vous remercions pour votre aimable invitation. C'est avec plaisir que nous viendrons déjeuner avec vous et les Roblot vendredi prochain. Bien amicalement.

Unité 8 Activité 8

Activité 5

a) Vrai.
b) Vrai.
c) Faux (si vous voulez passer au salon . . .).
d) Vrai.
e) Faux (un petit Martini).
f) Vrai.
g) Faux (la circulation était très dense).

Activité 6 possible answers

A   Si on prenait un pot au Globe?
B   D'accord, on est fatigués, il fait très chaud. Le Globe a une ambiance très agréable.
A   Tiens! Bonjour, je te présente. (B).
C   Enchanté, je vous offre quelque chose?
A–B   Avec plaisir. / Volontiers!
C   Qu'est-ce que vous prenez?
A et B   Pour moi ce sera . . .
C   Est-ce que vous êtes / tu es ici en vacances ou pour affaires?

Activité 7

a) It was just ripe.
b) Because he had already had a second helping of lamb and beans (Non merci, j'ai déjà repris de l'agneau et des haricots . . .).
c) 1989.
d) She is not a very good cook (Malheureusement je suis une très mauvaise cuisinière).
e) Pizzas in the microwave (C'est souvent une pizza dans le four à micro-ondes à la dernière minute).
f) McDonald's (nous mangeons même quelquefois dans un MacDo).

Activité 8

– Your friends thought that you should try something very French for starters. You are eating some snails (*des escargots*).
– *Eh bien, qu'est-ce que vous pensez des escargots français?*

28 Unité 8 En pratique

- Say that they are delicious and the sauce is succulent. Enquire where the snails came from. *Ils sont délicieux et la sauce est succulente, d'où viennent-ils?*
- *Ce sont des escargots de Bourgogne, mais en fait on les importe des pays de l'Est maintenant. Reprenez-en donc quelques-uns.*
- You decline the offer, say that snails must be very rich and you are careful about your figure. *Non, merci, les escargots sont très nourrissants et je fais attention à ma ligne.*
- *Ah, voici le filet de boeuf et les légumes. J'espère que la viande n'est pas trop saignante pour vous.*
- You say that most of the people from your country like their meat well-cooked but you actually like it quite rare. *La plupart des Anglais aiment leur viande bien cuite mais moi j'aime la viande saignante.*
- You comment on how tender the meat is. *Hum, cette viande est tendre – Encore un peu de Bourgogne?*
- You accept and say how the wine goes well with the meat. *Oui, merci, le vin accompagne parfaitement la viande.*
- *Oui, moi aussi, je préfère toujours le Bourgogne au Bordeaux.*

Activité 10

a) cherries, bananas, apples
b) flour, sugar, eggs, milk, cream, butter
c) caster sugar, single cream
d) cinnamon

En pratique

1a) elles
 b) nous
 c) lui
 d) lui
 e) nous
 f) eux

2 Someone telephoned me the other day and invited me to have something (lit.). I had such a surprise (was so surprised) that it took me some time to reply. In fact no one ever invites me (out): all my friends have left.

Every day it's the same thing: I get up and I have nothing to do. Some people tell me that I must go out and meet other young people, but everybody is busy / has their own life and you don't meet anybody in this suburb. So, when I received this phone call I thought it was something important. I have already had several offers of employment in this way. But no, this time it was someone that I knew vaguely and who wanted to talk. We went to the café the Nord Sud and we spent (had) a great afternoon!

3a) Nous nous sommes levées
b) Elle s'est regardée
c) Ils se sont couchés
d) Vous vous êtes ennuyé
e) Je me suis dépêchée
f) Tu t'es arrêté
g) Nous nous sommes assises
h) s'est occupée

Faisons le point!

1a) Nous les invitons tous les ans.
b) Ils ont parlé d'elle.
c) Vous lui avez téléphoné?
d) Elles pensent souvent à eux.
e) Tu leur envoies une carte?
f) C'est lui qui a téléphoné au médecin.

2a) J'ai la même voiture que mon ami(e).
b) Je bois du vin chaque / tous les jours.
c) J'ai plusieurs ami(e)s dans le village.
d) J'aime certains vins blancs.
e) Je n'ai rien à dire.
f) J'ai rencontré quelqu'un d'intéressant aujourd'hui.

3a) Quand ils se sont rencontrés ils se sont tutoyés aussitôt.
b) Nous nous levons très tôt mais nous nous couchons très tôt aussi.
c) Au début ils se téléphonaient souvent mais maintenant ils s'écrivent de temps en temps.
d) Elles se sont perdues dans la ville mais elles se sont retrouvées rapidement grâce au plan.
e) Nous nous verrons donc la semaine prochaine.

Unité 9

a) Oui
b) Non (Vous êtes très bien installés ici! Oui, un parc d'affaires ...)
c) Oui (ultramodernes)
d) Oui
e) Non (Vous avez des bureaux paysagés partout)
f) Oui (Nous avons un atrium où nous nous réunissons pour discuter un projet)
g) Non (Nous ne les réalisons pas)

Activité 5

a) le mien
b) le nôtre
c) le mien
d) la mienne

Activité 6

a) À 10.00.
b) Il visite l'agence.
c) Il discute le contrat de collaboration.
d) Non, il déjeune au restaurant.
e) À 14h.
f) Oui, à 16 heures.
g) Non, c'est une réunion informelle.

Activité 9

a) Nous venons de discuter du contrat de collaboration, maintenant nous allons déjeuner au restaurant.
b) Nous venons de bien déjeuner, maintenant nous allons rencontrer PV, CC et BL.
c) Nous venons d'avoir une réunion intéressante, maintenant nous allons bavarder avec toute l'équipe des collaborateurs.

Unité 9 Activité 13 **31**

Activité 10

a) Watercress.
b) It can be but here it is with vegetables.
c) Yes, mussels.
d) Veal.
e) Yes, *filet de rascasse* and *côte de saumon* are the fish dishes.
f) *Sorbet*, *fruits frais* or *ananas surprise*.
g) Yes, *fondant glacé au chocolat amer*.
h) No, everything is included in the price.
i) No, you get a free carafe of water.

Activité 12

a) vintage: excellent
   mature: yes
   recommended: yes
b) type: white, sweet
   drink with: le foie gras
   price: reasonable
c) type of red wine: Bourgogne
   drink with: game and red meat (*gibier et viandes rouges*)
   drink now: no
d) region of France: Val de Loire
   type: white
   drink with: fish and white meat (*aussi bien avec les poissons qu'avec les viandes blanches*)
   drink now: yes

Activité 13 possible answers

(main ideas in text)

- Business lunches used to be special occasions when tough negotiation started.
- Business meals have gone down (0.8% of the meals served compared to 2% ten years ago).
- The host keeps an eye on the bill (50€ without wine seems to be the limit).

- The guest eats lightly to stay alert in the afternoon.
- Typical business lunch now – lighter and shorter (at 3 p.m. the restaurants are empty).
- Only two dishes, water instead of wine – apéritif and liqueur have disappeared.
- Alternatives: business breakfast (quicker and cheaper), caterer delivering to the office (cheap, but executives want a change of scenery!)

Activité 14 possible answers

a) On ne doit pas parler la bouche pleine, cela fait mauvaise impression.
b) Il ne faut pas couper 'le nez' du Brie, si vous le faites, les autres n'auront que la croûte.
c) Ce n'est pas poli de fumer à la table, surtout avant le fromage, cela dérange les autres invités.
d) Vous ne devez pas abandonner vos invités pour passer des heures au téléphone, ce n'est pas poli.

Activité 15 possible answer

Ces quelques mots pour vous remercier de la soirée très agréable passée en votre compagnie. Le dîner était délicieux: les plats et les vins étaient excellents et nous avons été très heureux de faire la connaissance de Cécile. Nous espérons vous rendre l'invitation bientôt.
Merci encore.
Bien amicalement.

En pratique

1a) Il vient d'accueillir les participants.
b) Ils viennent de vendre leur vieille voiture.
c) Vous venez de manger au restaurant?
d) Elle vient de nous présenter le nouveau directeur.
e) Nous venons de lui envoyer un fax.

2a) Nous venions de terminer le repas.
b) Ils venaient de prendre le café dans le jardin.
c) Vous veniez de recevoir vos amis?
d) Je venais de visiter l'usine.
e) On venait de boire du champagne.

3a) Je dois écrire *la leur*.
b) Il prend *les siennes* en juillet.
c) . . . mais vous recevez *les vôtres* le week-end prochain.
d) Tu as téléphoné *aux tiens*.
e) On a *le sien*.
f) Il ont besoin *des leurs*.

4a) Executives can continue talking during (their) lunch (while having their lunch).
b) He contacted him by ringing his home.
c) By leaving early we will have the time to stop for lunch in a restaurant.
d) His brother ran out.
e) Don't speak while you're eating.

Faisons le point!

1a) Nous venons de visiter la salle des ordinateurs et maintenant nous allons voir le laboratoire.
b) Elle vient de téléphoner pour s'excuser . . .
c) Nous allons changer l'heure bientôt, nous pourrons nous lever plus tard.
d) Nos collaborateurs viennent de terminer leur projet, ils vont le présenter demain à la direction.
e) Non, Monsieur Vidal n'est pas à son bureau, il vient de partir.

2a) le mien
b) la vôtre
c) la sienne
d) les tiennes
e) les nôtres

3 a) en lisant
b) en visitant
c) en allant
d) en chantant
e) en fumant

Unité 10

Activité 2

a) 50€ / 2 tasses / expresso – oui / café filtre – non / garantie – 1 an
b) 145€ / 1 litre / 15 tasses / expresso – oui / café filtre – non / garantie – 1 an
c) 155€ / 1,2 litre / expresso – oui / café filtre – oui / garantie – 1 an

Pierre et Cécile achètent le modèle à 155€.

Activité 3

a) 1 litre of boiling water.
b) There is a safety device.
c) White, red or brown.
d) Because it is cordless.
e) Because it is powerful (2000W).
f) It only comes in white.
g) Stainless steel.
h) No, it switches itself off.

Activité 4

a) prenais / pourrais OR prends / pourras / peux
b) préférais / serait OR préfères / sera / est
c) voulais / devrais OR veux / devra / dois
d) choisissais / trouverais OR choisis / trouveras / trouves

Activité 6

a) Three weeks ago (*il y a 3 semaines*).
b) A good secondhand car (*une bonne voiture d'occasion*).
c) Colour and type of engine (*couleur et type de moteur*).
d) 3 days (*3 jours plus tard la voiture nous attendait*).
e) It was raining a lot (*il pleuvait beaucoup ce jour-là*).
f) Because the windscreen wipers did not work (*les balais ne marchaient pas*).

Activité 7

1   a
2   a
3   5 (On a été très très contents de l'accueil)
4   Oui (on a essayé la voiture)
5a) Oui   b) Oui
6a) Non   b) Non
7   Non
8   Oui (à 11 heures comme convenu)
9   Excellent (le rapport qualité-prix était excellent)

Activité 10

CYRILLE   Tu me parles de la Camif mais est-ce que c'est un magasin ou un catalogue de vente par correspondance? (*mail order*)
VOUS   Les deux. Il y a des catalogues et aussi des magasins dans trois villes et des magasins spécialisés mobilier à Paris et à Lyon.
CYRILLE   Bon d'accord, alors tu sais que Véronique et moi on va se marier, on peut donner notre liste de mariage à la Camif?
VOUS   Bien sûr. Il y a une hôtesse spécialisée qui vous conseille. Vous pouvez proposer à votre entourage un grand choix d'idées cadeau et en plus le magasin vous offre un bon d'achat de 5% du montant total de la liste.
CYRILLE   Si on veut acheter une cuisine, est-ce que le vendeur nous conseille aussi?
VOUS   Oui, et grâce à un logiciel de conception vous pouvez visualiser votre projet sur ordinateur.

CYRILLE Hum, intéressant . . . et si je veux commander sur catalogue alors, quand est-ce que je peux recevoir les articles?
VOUS Avec l'option 'demain chez vous', tu commandes avant midi par téléphone et tu reçois les achats le lendemain.
CYRILLE Si je veux passer la journée à Lille ou à Toulouse, est-ce que je peux manger au magasin?
VOUS Bien sûr, il y a un restaurant climatisé.

Activité 11

- Don't leave the machine in a damp atmosphere.
- In case of a problem, the video player must be seen by a qualified repairer.
- The machine will only be used/must be used in a horizontal position.
- Remove dust, oil some elements etc.

Activité 12

a) Because there is a risk of electrocution and fire.
b) No, all the parts have been adjusted in the factory.
c) You must not put heavy things on top of the video player.
d) They shouldn't be left in full sun or near something hot, they should be stored vertically.

Activité 14 possible answers

- Ne pas exposer l'appareil à l'humidité.
- Ne pas ouvrir l'appareil.
- Seul un réparateur qualifié peut le réparer.
- Retirer la pile après trois semaines si vous n'utilisez pas l'appareil.
- L'appareil sera de préférence rangé dans un endroit sec et frais sans poussière.
- Ne pas exposer l'appareil en plein soleil ou à des températures excessives.

Unité 10 Faisons le point!

En pratique

1a) voudrait
b) achèterions
c) voudrais
d) pourrait
e) finirais

2a) téléphonerai / téléphone
b) pourrait
c) achèteraient
d) irions
e) demanderai / lui demande

3a) Les vendeurs *les leur* expliquent toujours.
b) Pouvez-vous nous *le* donner.
c) Je *le lui* ai rendu.
d) Elle *nous l'*a apporté.
e) Donnez-*le-lui*.

4a) est vendu
b) a été achetée
c) sera organisé
d) étaient réparées
e) va être réglée

Faisons le point!

1a) iv, b) i, c) ii, d) iii, e) v

2a) prendrions
b) ira
c) pleuvait
d) auraient
e) verrons

3a) Jérôme *le lui* a donné.
b) Les étudiants *les lui* retournent.
c) *Elle* nous l'envoie toujours après Noël.
e) *Ils le leur* ont téléphoné.
f) Je te *l'*ai acheté.

Unité 11

Activité 2

a) The room does not correspond to the room we booked (*nous avons remarqué qu'elle ne correspond pas à la chambre que nous avons réservée*).
b) It opens onto the courtyard and is above the bar (*la chambre 202 qui donne sur la cour; elle est aussi au-dessus du bar*).
c) They wanted a quiet room with a view over the lake (*on voulait une chambre calme avec vue sur le lac*).
d) She checks on the booking system (*je vérifie sur notre système de réservations*).
e) Her colleague's (*ma collègue a fait erreur*).
f) She gives the keys to the right room (*je vous donne celles de la 205*).
g) She wishes him a good stay. (*Bon séjour Monsieur!*)

Activité 4

a) personal attention (*accueil personnalisé*)
b) 14.00
c) a similar room would be found (*une chambre d'un confort au moins égal*)
d) Train + Hôtel would pay for a taxi (*la prise en charge du transfert par taxi*)
e) if more than 5% of the customers judge that the reception, cleanliness or food are bad or very bad (*si le qualificatif: mauvais ou très mauvais concernant l'accueil, la propreté ou la restauration est utilisé par plus de 5% des clients*)

Activité 5

PROPRIÉTAIRE Entrez, je vous en prie. Alors vous avez ici la salle de séjour avec un divan lit pour une personne.
VOUS Correct him – it's for 2 persons – it's indicated in the description. (*Non c'est pour deux personnes, c'est indiqué sur la description.*)

PROPRIÉTAIRE	Il y a certainement erreur sur la fiche qu'on vous a envoyée! Voici la cuisine.
VOUS	You can't see the dishwasher. You are inviting friends and you need a dishwasher. (*Je ne vois pas le lave-vaisselle! Nous invitons des amis et nous avons besoin d'un lave-vaisselle.*)
PROPRIÉTAIRE	C'est vraiment surprenant! Cette description ne correspond pas du tout au gîte!
VOUS	You think that the booking system has made a mistake. (*Je crois que le système de réservation a fait erreur.*)
PROPRIÉTAIRE	Attendez, je regarde . . . une salle d'eau au 1er étage, mais il n'y a pas de salle d'eau!
VOUS	You really wanted a shower for your guests. You are going to write to them. (*On voulait vraiment une douche pour nos invités. Je vais leur écrire.*)
PROPRIÉTAIRE	Je crois que c'est une bonne idée!

Activité 6

a) Items that she had ordered.
b) Two items were missing and one item was not the item ordered.
c) No, she is returning it.
d) The booking was for two double rooms instead of two single rooms.
e) To amend the booking and confirm the modification.

Activité 7 possible answer

J'ai le regret de vous faire savoir que je ne suis pas entièrement satisfait(e) du gîte que j'ai loué du (3 au 9 juin).
En arrivant j'ai remarqué avec surprise que le gîte ne correspondait pas exactement à la fiche descriptive: il n'y avait pas de lave-vaisselle dans la cuisine et pas de salle d'eau au 1er étage. Il y a certainement eu erreur dans les réservations et je vous serais obligé(e) de me rembourser en partie le prix de la location.

40 Unité 11 Activité 14

Activité 8

a) Traffic very slow (*la circulation est très ralentie*), he will be an hour late (*je vais être en retard d'une heure*).
b) Strike by lorry drivers (*à cause de la grève des routiers la circulation est très ralentie*).
c) He is asking her to pass on his apologies (*lui transmettre mes excuses*).

Activité 11

a) No.
b) End of June (*l'achèvement était prévu pour la fin juin*).
c) Last Autumn's rain, transport strike (*les grandes pluies de l'automne dernier ont retardé le début de la construction et la grève des transports nous a également beaucoup handicapés avec des retards importants dans la livraison des matériaux*).
d) No, there is no solution at the moment (*ces explications ne donnent cependant pas la solution du problème*).

Activité 14

Touriste 1

- *symptoms*   red, painful back, cannot sleep at night
- *diagnostic*   sunburn
- *advice / treatment*   stay in the shade, calming cream

Touriste 2

- *symptoms*   painful wrist
- *diagnostic*   sprained wrist
- *advice / treatment*   tight bandage for a week

Touriste 3

- *symptoms*   sick all night, can't eat or drink
- *diagnostic*   food poisoning
- *advice / treatment*   tablets and drink a lot of water

Activité 15

a) Il faut que tu portes / vous portiez un bandage très serré.
b) Il faut que vous preniez un aspirine.
c) Il faut que tu te reposes / vous vous reposiez.
d) Il ne faut pas que tu manges / que vous mangiez.
e) Il faut que tu désinfectes / que vous désinfectiez tout de suite.

En pratique

1a) La dame qui parle au téléphone est la réceptionniste.
b) Le vendeur qui s'occupe de l'électroménager t'aidera.
c) L'hôtel qui se trouve près du lac semble très calme.
d) La voiture qui avait gagné les 24 heures du Mans était une Ferrari.

2a) Le problème que j'ai fait était difficile.
b) Le représentant que j'ai rencontré était très compétent.
c) Le voyage que j'ai organisé a été un succès.
d) La voiture que tu conduis consomme beaucoup.
e) Le collègue que je rencontre chaque vendredi est responsable du marketing.

3a) La salle de séjour, dont j'ai repeint les murs en blanc, paraît plus claire.
b) Mon copain, dont tu as vu la soeur hier, vient demain.
c) Le village, dont je me souviens, était plus calme.
d) La bouilloire, dont tu as cassé le socle, ne peut plus être utilisée.
e) J'ai dû vendre la voiture, dont j'étais pourtant très content.

4a) Il avait plu toute la nuit et la rivière était grosse.
b) On lui avait acheté une hi-fi toute neuve mais elle ne lui plaisait pas.
c) Le client était arrivé mais il n'y avait personne pour le recevoir.
d) Ma soeur était partie quand il a téléphoné.

5a) sois
b) ailles
c) dise

d) sache
e) fassent

Faisons le point!

1a) L'homme que vous voyez là-bas est mon médecin.
b) La chambre qui est au-dessus du restaurant est très bruyante.
c) La maison que nous louions était très grande.
d) J'ai contacté la personne qui a organisé le bal.
e) J'ai un(e) ami(e) dont la fille vit en Australie.

2a) Nous étions retournés en Sologne l'année suivante.
b) Ils avaient décidé d'aller au restaurant.
c) J'avais trouvé un hôtel très calme.
d) Les enfants étaient partis à Paris.
e) Elle avait dû attendre un autre train.

Transcripts

Unité 1. Vous êtes comment?

Activité 3

- . . . alors entendu, je vous rencontre à la gare, demain, à 18 heures 30.
- C'est très gentil à vous Alain . . . Ah, un petit problème! Je ne vais pas vous reconnaître.
- Eh bien, j'ai 37 ans, je suis grand, 1 m 85, et mince, j'ai les cheveux châtains très courts, une moustache, je porte des lunettes . . . et vous?
- Je suis désolé, je suis très moyen! taille moyenne, corpulence moyenne, âge moyen (j'ai 49 ans!), pas de lunettes, les cheveux gris . . ., mais écoutez, vous allez reconnaître mon attaché-case; il est rouge, un beau rouge, et quand je vais à Lille je prends toujours mon parapluie!

Activité 4

- Après son évasion spectaculaire la police recherche Paul Misrine, . . . voici son signalement: grand et fort, il a le visage carré, les yeux marron et les cheveux blonds; il a le teint clair et porte une barbe. Si vous reconnaissez Paul Misrine, contactez la police aussitôt.

Activité 5

- Tu connais notre nouvelle directrice?
- Oui! Elle est jeune et je dois dire très jolie et élégante!
- Elle est comment alors? Raconte!
- Et bien elle est grande et mince, elle a les cheveux châtains, ils sont assez longs et bouclés.
- Et qu'est-ce qu'elle porte aujourd'hui?
- Un tailleur très strict, bleu marine avec un chemisier blanc.

Activité 13

La main 'eau'

Comment reconnaître la main 'eau'? Votre paume est étroite et les doigts longs et fins donnent une impression de fragilité. Pourtant, vous êtes animé(e) d'une grande force intérieure. Cette main appartient en général à des personnes calmes, d'un abord doux et gentil, quelquefois passives et rêveuses. Vous aimez aider les autres mais si vous ne trouvez pas à satisfaire vos penchants altruistes, vous avez tendance à devenir introverti à l'extrême et même intolérant.

En pratique 5

exemple: La voiture du directeur est plus puissante que la voiture de la secrétaire.
– La voiture du directeur est plus puissante que celle de la secrétaire.
a) Mes cheveux sont plus foncés que les cheveux de mon fils.
– Mes cheveux sont plus foncés que ceux de mon fils.
b) Ces lunettes ne sont pas plus chères que ces lunettes-là.
– Ces lunettes ne sont pas plus chères que celles-là.
c) Ton attaché-case n'est pas aussi commode que l'attaché-case du directeur.
– Ton attaché-case n'est pas aussi commode que celui du directeur.
d) Ma voiture est plus vieille que la voiture de mon collègue!
– Ma voiture est plus vieille que celle de mon collègue!

Unité 2. La vie de tous les jours

Activité 11

– Les Français ont la réputation de ne pas être très sportifs, Madame, est-ce que vous faites du sport?
– Quand j'ai le temps, c'est-à-dire le week-end; le samedi je fais du tennis ou je vais à la piscine et le dimanche je fais des promenades avec mes enfants.

- Merci, madame, et vous mademoiselle, vous êtes étudiante?
- Oui, c'est ça.
- Vous êtes sportive?
- Ça oui, et c'est même ma passion. Je fais du judo, de la natation, du ping-pong toutes les semaines et pendant mes vacances d'hiver je fais du ski de descente.
- Vous êtes en pleine forme?
- Tout à fait!
- Et vous, monsieur, qu'est-ce que vous faites comme sport?
- Alors, moi, je n'ai absolument pas le temps; je travaille de 8 heures à 19 heures et quand je rentre le soir, je suis trop fatigué. Mais pendant les vacances je vais à la mer et je fais de la natation.

En pratique 1

exemple: se laver à 7 heures du matin.
- Je me lave à 7 heures du matin.
a) s'occuper de l'accueil des visiteurs.
- Tu t'occupes de l'accueil des visiteurs.
b) se lever à 5 heures le lundi.
- Marie se lève à 5 heures le lundi.
c) se réveiller souvent la nuit.
- Je me réveille souvent la nuit.
d) se raser tous les deux jours.
- Mon mari se rase tous les deux jours.
e) se coucher souvent tard le samedi.
- Nous nous couchons souvent tard le samedi.
f) s'habiller avant de prendre le petit déjeuner.
- Pierre et Jeanne s'habillent avant de prendre le petit déjeuner.
g) se regarder quelquefois dans la glace?
- Est-ce que vous vous regardez quelquefois dans la glace?
h) s'asseoir devant la télé après le dîner.
- Elle s'assoit devant la télé après le dîner.

En pratique 3

exemple: semaines. Je vois ma mère . . .
- Je vois ma mère toutes les semaines.
a) matinée. Je travaille . . .
- Je travaille toute la matinée.
b) soirée. Nous nous amusons . . .
- Nous nous amusons toute la soirée.
c) jeudis. Il va au marché . . .
- Il va au marché tous les jeudis.
d) toutes. . . . les occasions sont bonnes pour sortir.
- Toutes les occasions sont bonnes pour sortir.
e) jours. Je vois mes collègues . . .
- Je vois mes collègues tous les jours.
f) journée. Le dimanche je me détends . . .
- Le dimanche je me détends toute la journée.

En pratique 4

exemple: rapide ➡ rapidement
a) rare ➡ rarement
b) vif ➡ vivement
c) premier ➡ premièrement
d) naturel ➡ naturellement
e) heureux ➡ heureusement
f) régulier ➡ régulièrement
g) joyeux ➡ joyeusement
h) parfait ➡ parfaitement

Unité 3. Qu'est-ce que tu as fait?

Activité 2

- Tous les matins, je prends ma petite cafetière italienne, je prépare, et puis en 5 minutes le café est terminé . . . du très bon café.
- Tu ne prends jamais d'instantané?
- Ah non, oh non, ben, c'est affreux!
- Et tu prends combien de tasses par jour?
- Oh . . . une le matin et une après le dîner, pas toujours après le dîner.
- Et du café fort ou tu le fais léger?

- Moyen, moyen. Et toi Jacques, tu aimes le café?
- J'aime beaucoup le café, mais malheureusement je ne peux plus en boire pour raison de santé. Je ne bois pas de café décaféiné mais par goût, j'aime le bon café fort, bien sucré. Jean-Jacques, est-ce que tu aimes le café?
- Oui, je bois un café tous les jours, le matin au réveil, du café fort et sans sucre. Il m'arrive d'en prendre après le repas du midi, rarement et en tous cas j'en prends plus après 16 heures.

Activité 13

Vous parler de ma vie? Eh bien, je suis née à Turin en 1970, je suis arrivée en France avec mes parents à l'âge de 4 ans et donc j'habite la France depuis 1974. Je suis allée à l'école à Grenoble puis après le baccalauréat, c'est-à-dire en 1989 je suis montée à Paris. J'ai décidé d'entrer au Conservatoire et j'ai étudié l'art dramatique pendant 3 ans. J'ai eu mon premier rôle à 21 ans, c'est-à-dire en 1991, et depuis je n'ai pas arrêté de tourner. J'ai déjà fait plusieurs films, des séries télévisées et en 1995 j'ai commencé à faire du théâtre au Théâtre Marigny. Sur le plan personnel, je me suis mariée il y a deux ans et j'ai maintenant une petite fille de 6 mois, Erica.

En pratique 1

exemple: a) Nous passons habituellement les vacances . . . le Canada
- Nous passons habituellement les vacances au Canada.
  Cette année nous sommes allés . . . Les Alpes
- Cette année nous sommes allés dans les Alpes.
b) J'ai passé une quinzaine . . . L'Écosse
- J'ai passé une quinzaine en Écosse.
c) Il va . . . Le Japon
- Il va au Japon.
d) Est-ce que sa société est transférée . . . Paris
- Est-ce que sa société est transférée à Paris?
e) Nous exportons nos produits . . . Les États-Unis
- Nous exportons nos produits aux États-Unis.
f) Vous êtes allés . . . Le Devon
- Vous êtes allés dans le Devon.

En pratique 2

exemple: a) passer une excellente soirée.   Je . . .
– J'ai passé une excellente soirée.
b) finir son travail.   Il . . .
– Il a fini son travail.
c) découvrir un coin sensationnel.   Nous . . .
– Nous avons découvert un coin sensationnel.
d) vendre votre maison.   Vous . . .
– Vous avez vendu votre maison.
e) ne pas pouvoir contacter ton employeur.   Tu . . .
– Tu n'as pas pu contacter ton employeur.
f) voir un film formidable la semaine dernière.   Elles . . .
– Elles ont vu un film formidable la semaine dernière.
g) avoir vingt ans le 3 juin.   Mon fils . . .
– Mon fils a eu vingt ans le 3 juin.

En pratique 3

exemple: a) aller à Biarritz.   Mes amis et moi . . .
– Mes amis et moi sommes allés à Biarritz.
b) retourner à la plage après le déjeuner.   Les enfants . . .
– Les enfants sont retournés à la plage après le déjeuner.
c) ne pas revenir en France.   Elles . . .
– Elles ne sont pas revenues en France.
d) passer devant sa maison.   Je . . .
– Je suis passé(e) devant sa maison.
e) monter à la Tour Eiffel.   On . . .
– On est montés à la Tour Eiffel.

Unité 4. Hier, aujourd'hui, demain
Activité 4

Ah! quand j'étais jeune, on travaillait un peu plus! J'ai commencé à travailler quand j'avais 14 ans. Je devais me lever à 5 heures tous les matins. Je prenais le train avec mon frère à six heures; nous allions ensemble à l'usine où nous faisions équipe. On revenait de la ville tard le soir et ma mère nous attendait toujours avec le dîner. En général nous étions trop fatigués pour nous amuser et nous nous couchions très tôt. Ce n'était pas encore la semaine de 39 heures et il n'y avait pas 5 semaines de vacances par an comme maintenant mais tout le monde était plus heureux!

Activité 8

a) Loches occupait une position stratégique. À l'origine, trois murs entouraient la ville. Le premier protégeait le donjon romain qui date du XIème siècle et qui servait de prison. Ce mur existe toujours aujourd'hui.
b) L'Hôtel de Ville, construit sous le règne de François Ier au XVIème siècle, était le lieu de rencontre des personnages importants. C'est là en particulier où François Ier a rencontré L'Empereur Charles V. Ce bâtiment est un bel exemple de l'architecture de la Renaissance.
c) Le Logis Royal était la résidence des rois de France; la partie la plus ancienne date de la fin du XIVème siècle. C'est dans ce château que Jeanne d'Arc a rencontré le futur roi Charles VII.
d) La tour Saint Antoine, construite à la même époque que l'Hôtel de Ville, c'est-à-dire à la Renaissance. Elle se trouvait à l'entrée de la ville; elle est très haute et servait de beffroi.

En pratique 1

exemple: Je regarde tous les vieux films.
– Je regardais tous les vieux films.
a) Je travaille toujours tard dans la nuit.
– Je travaillais toujours tard dans la nuit.
b) Mes enfants vont en France tous les ans.
– Mes enfants allaient en France tous les ans.
c) Le ciel est très noir, les nuages sont menaçants.
– Le ciel était très noir, les nuages étaient menaçants.
d) La machine fonctionne bien.
– La machine fonctionnait bien.
e) Je ne suis pas fatigué, je peux continuer jusqu'au soir.
– Je n'étais pas fatigué, je pouvais continuer jusqu'au soir.

En pratique 2

exemple: Aujourd'hui, nous avons . . . machines   *more*
- Aujourd'hui, nous avons plus de machines.
a) Il y a cinquante ans, les villes étaient . . . polluées.   *less*
- Il y a cinquante ans, les villes étaient moins polluées.
b) Les employés ont . . . temps libre.   *more*
- Les employés ont plus de temps libre.
c) Il y a maintenant . . . sécurité.   *more*
- Il y a maintenant plus de sécurité.
  Nous avons donc . . . accidents.   *fewer*
- Nous avons donc moins d'accidents.
d) Cette machine est . . . moderne.   *more*
- Cette machine est plus moderne.

Unité 5. Aujourd'hui, demain

Activité 2

a) Salut Christophe! Qu'est-ce que tu fais samedi?
- Oh plein de choses, samedi matin je vais acheter un nouveau jean et un ou deux CD et puis l'après-midi je vais faire les courses au supermarché pour la semaine. Samedi soir avec Corinne nous allons passer quelques heures à la nouvelle discothèque – tu viens avec nous?
b) Et vous Catherine, qu'est-ce que vous allez faire ce week-end?
- Moi, c'est très simple: samedi matin, je vais réparer ma voiture. L'après-midi on va certainement aller en ville et puis dimanche je vais faire la cuisine, enfin vous voyez, un week-end passionnant quoi!
c) Et vous Robert et Yvette, qu'est-ce que vous allez faire ce week-end?
- Eh bien nous, nous allons partir ce week-end, et cette fois, c'est Paris. Samedi, on va d'abord visiter le musée du Louvre, puis on va dîner dans un bon restaurant. Dimanche nous allons nous promener le long de la Seine et puis il y a un spectacle, nous ne voulons pas manquer ça!

Activité 9

– Moi, quand je serai grand, je serai pompier, je conduirai un gros camion rouge, j'irai toujours très vite parce que j'irai éteindre des feux.
– Moi, quand j'aurai vingt ans, je serai hôtesse de l'air, j'aurai toujours de beaux habits et je voyagerai partout dans le monde.

En pratique 1

exemple: finir mon travail.   Je . . .
– Je vais finir mon travail.
a) acheter du pain.   On . . .
– On va acheter du pain.
b) téléphoner à mes parents tout de suite.   Je . . .
– Je vais téléphoner à mes parents tout de suite.
c) dîner en ville ce soir.   Mes amis . . .
– Mes amis vont dîner en ville ce soir.
d) partir à 7 heures.   Nous . . .
– Nous allons partir à 7 heures.
e) faire les courses au supermarché?   Est-ce que vous . . .?
– Est-ce que vous allez faire les courses au supermarché?

En pratique 2

exemple: finir mon travail.   Je . . .
– Je finirai mon travail.
a) aller au Canada l'année prochaine.   On . . .
– On ira au Canada l'année prochaine.
b) pouvoir acheter une voiture.   Je . . .
– Je pourrai acheter une voiture.
c) faire le voyage en une journée!   Vous . . .
– Vous ferez le voyage en une journée!
d) devoir vendre leur maison.   Ils . . .
– Ils devront vendre leur maison.
e) venir vous voir pendant l'été.   C'est promis, je . . .
– C'est promis, je viendrai vous voir pendant l'été.

Unité 6. Je voudrais quelques renseignements . . .
Activité 5

1. Ici Madame Dutour au 03 22 45 56 67. Je voudrais réserver un gîte pour 6 personnes du 2 au 9 août. Nous voulons une maison individuelle avec salle d'eau et salle de bains et un grand terrain. Merci de me rappeler.
2. Madame Lesage à l'appareil – 14 rue Victor Hugo à Châteauroux. Je voudrais un gîte pour le week-end du 15 mai pour six personnes et un enfant de deux ans. Nous voulons une maison indépendante si possible et la télévision. Un terrain clos est nécessaire.

Activité 9

– Le Château des Mesnuls, bonjour!
– Bonjour madame, je suis le directeur du personnel d'Airmix European Services Ltd., je voudrais réserver un week-end résidentiel en juin pour un groupe de 23 personnes, est-ce que c'est possible?
– Un instant, je vérifie, juin est assez calme en général, c'est pour quelle date exactement?
– Oui, c'est pour deux nuits, les 28 et 29 juin.
– Aucun problème pour 23 personnes, quel type de chambre désirez-vous réserver?
– Je voudrais 19 chambres simples avec bains et deux chambres doubles avec bains également. Combien fait la chambre simple et combien fait la chambre double s'il vous plaît?
– Alors, la chambre simple fait 100€ et la chambre double 145€, le petit déjeuner n'est pas inclus dans le prix: c'est 10€ en supplément.
– Et les repas, on voudrait un repas léger pour le déjeuner et un bon repas pour le soir, est-ce que c'est possible?
– Mais oui, comme vous l'avez certainement lu dans notre brochure nous adaptons les repas à votre rythme de travail et nous pouvons vous proposer un buffet froid au déjeuner; nos prix varient selon la formule choisie.
– Est-ce que vous pouvez m'envoyer une liste des formules avec tarifs s'il vous plaît?

- Bien sûr, voulez-vous me rappeler votre nom et le nom de votre société et me l'épeler s'il vous plaît?
- Je m'appelle . . . et le nom de la société est Airmix (A.I.R.M.I.X.), Airmix European Services Ltd.
- Ah j'ai votre adresse, je vous ai déjà envoyé une brochure n'est-ce pas?
- Oui, mais pas les tarifs.
- Eh bien je vous les envoie tout de suite et je vous réserve les chambres; nous pourrons discuter les repas plus tard.
- Je vous remercie, au revoir madame.

En pratique 1

exemple: Il doit travailler dur.
- Il devra travailler dur.
a) Nous pouvons réserver le gîte.
- Nous pourrons réserver le gîte.
b) Vous devez faire attention aux prix.
- Vous devrez faire attention aux prix.
c) Elle veut certainement visiter la ville.
- Elle voudra certainement visiter la ville.
d) Les touristes veulent aller au cinéma.
- Les touristes voudront aller au cinéma.
e) Ils peuvent regarder la télévision.
- Ils pourront regarder la télévision.

En pratique 2

exemple: Je ne vois mes amis qu'une fois par an.
- Je ne les vois qu'une fois par an.
a) Je n'oublie jamais ma clé!
- Je ne l'oublie jamais.
b) Nous allons conduire les enfants à la piscine!
- Nous allons les conduire à la piscine!
c) Je cherche le journal depuis 10 minutes.
- Je le cherche depuis 10 minutes.
d) On n'entend pas les voisins!
- On ne les entend pas!

Unité 7 Qu'est-ce qu'on fait ce week-end?

Activité 3

- Je cherche le stand de M. Barnier, il expose des vins du pays...
- Alors oui attendez, je vérifie sur le plan. Vous descendez l'escalier et vous prenez la première allée latérale sur votre gauche. C'est le stand qui se trouve tout au fond à gauche.
- Est-ce que vous pouvez m'indiquer le stand des fromages de chèvre s'il vous plaît?
- Oui, alors c'est en bas, vous allez presque jusqu'au bout de l'allée centrale, et près de l'entrée, vous tournez à droite et c'est le 2ème stand sur votre gauche.
- Je dois faire une présentation pour des clients demain, est-ce que je peux réserver une salle et la visiter s'il vous plaît?
- Bien sûr, la salle 201 est libre, vous voyez, elle est juste à côté de l'accueil, vous pouvez y aller, elle est ouverte.

En pratique 1

exemple: Tu as besoin de ce livre?   Oui...
- Oui, j'en ai besoin.
a) Vous voulez des poires?   Oui, ... un kilo.
- Oui j'en veux un kilo.
b) Qu'est-ce que tu penses de cela?   rien
- Je n'en pense rien!
c) Il revient d'Afrique?   Oui...
- Oui, il en revient.
d) Vous avez trouvé des soldes intéressants?   Non...
- Non, nous n'en avons pas trouvé.
e) Tu as de l'argent?   Non,...
- Non, je n'en ai pas.

En pratique 2

exemple: Vous allez à Paris?   Oui, je...
Oui, j'y vais en effet.
a) Il habite à Marseille?   Oui, il...
- Oui, il y habite en effet.

b) Vous avez séjourné en Bretagne?   Oui, nous . . .
- Oui, nous y avons séjourné en effet.
c) Nos invités vont au cinéma?   Oui, ils . . .
- Oui, ils y vont en effet.
d) Tu as fait une promenade dans le parc?   Oui, je . . .
- Oui, j'y ai fait une promenade en effet.
e) Elle a trouvé sa carte dans son sac?   Oui, elle . . .
- Oui, elle y a trouvé sa carte en effet.

Unité 8. Recevoir

Activité 8

- Eh bien, qu'est-ce que vous pensez des escargots français?
- Ils sont délicieux et la sauce est succulente, d'où viennent-ils?
- Ce sont des escargots de Bourgogne, mais en fait on les importe des pays de l'Est maintenant. Reprenez-en donc quelques-uns.
- Non, merci, les escargots sont très nourrissants et je fais attention à ma ligne.
- Ah, voici le filet de boeuf et les légumes. J'espère que la viande n'est pas trop saignante pour vous.
- La plupart des (Anglais) aiment leur viande bien cuite mais moi j'aime la viande saignante.
- Hmm, cette viande est tendre.
- Encore un peu de Bourgogne?
- Oui, merci, le vin accompagne parfaitement la viande.
- Oui, avec ce genre de plat, je préfère toujours le Bourgogne au Bordeaux.

En pratique 1

exemple: Ma femme et moi, nous aimons faire la cuisine.   Ma femme et moi.
- Nous, nous aimons faire la cuisine.
a) Il déjeune souvent avec Marie et sa soeur.   Marie et sa soeur.
- Il déjeune souvent avec elles.
b) Jacques et moi, nous n'aimons pas manger au restaurant. Jacques et moi.
- Nous, nous n'aimons pas manger au restaurant.

c) C'est mon ami qui m'a invité.   Mon ami.
- C'est lui qui m'a invité.
d) Elle fait plus souvent la cuisine que son mari.   Son mari.
- Elle fait plus souvent la cuisine que lui.
e) Venez prendre l'apéritif avec ma femme et moi.   Ma femme et moi.
- Venez prendre l'apéritif avec nous.
f) Êtes-vous déjà allés chez Marie et Paul?   Marie et Paul.
- Êtes-vous déjà allés chez eux?

En pratique 3

exemple: s'habiller rapidement   Je . . .
- Je me suis habillé rapidement.
a) se lever à huit heures.   Nous . . .
- Nous nous sommes levé(e)s à huit heures.
b) se regarder dans le miroir magique.   Elle . . .
- Elle s'est regardée dans le miroir magique.
c) se coucher très tard.   Ils . . .
- Ils se sont couchés très tard.
d) s'ennuyer toute la journée.   Vous . . .
- Vous vous êtes ennuyé(e)(s) toute la journée.
e) se dépêcher   Je . . .
- Je me suis dépêché(e).
f) s'arrêter à chaque église.   Tu . . .
- Tu t'es arrêté(e) à chaque église.
g) s'asseoir dans le jardin public.   Nous . . .
- Nous nous sommes assis(es) dans le jardin public.
h) s'occuper de la location du stand.   La secrétaire . . .
- La secrétaire s'est occupée de la location du stand.

Unité 9. En visite

Activité 12

a) Saint-Émilion grand cru. Une occasion à ne pas rater. Excellent millésime qui commence à atteindre sa maturité.

b) Loupiac Château Dauphine. Un vin blanc liquoreux très agréable. Parfait pour accompagner le foie gras. Prix tout à fait raisonnable.
c) Beaune Cent Vignes. Très beau cru de Bourgogne pour accompagner gibier et viandes rouges. À faire vieillir.
d) Savennières Roche aux Moines, un des petits vins du Val de Loire à prix modeste. Blanc sec à boire maintenant aussi bien avec les poissons qu'avec les viandes blanches.

En pratique 1

exemple: Il est arrivé. Il vient d'arriver.
a) Il a accueilli les participants.
– Il vient d'accueillir les participants.
b) Ils ont vendu leur vieille voiture.
– Ils viennent de vendre leur vieille voiture.
c) Vous avez mangé au restaurant.
 Vous venez de manger au restaurant.
d) Elle nous a présenté le nouveau directeur.
– Elle vient de nous présenter le nouveau directeur.
e) Nous lui avons envoyé un fax.
– Nous venons de lui envoyer un fax.

En pratique 2

exemple: Il était arrivé.
– Il venait d'arriver.
a) Nous avions terminé le repas.
– Nous venions de terminer le repas.
b) Ils avaient pris le café dans le jardin.
– Ils venaient de prendre le café dans le jardin.
c) Vous aviez reçu vos amis.
– Vous veniez de recevoir vos amis.
d) J'avais visité l'usine.
– Je venais de visiter l'usine.
e) On avait bu du champagne.
– On venait de boire du champagne.

En pratique 3

exemple: Nous allons vendre *notre maison*.
- Nous allons vendre *la nôtre*.
a) Je dois écrire *leur adresse*.
- Je dois écrire *la leur*.
b) Il prend *ses vacances* en juillet.
- Il prend *les siennes* en juillet.
c) . . . mais vous recevez *vos amis* le week-end prochain.
- . . . mais vous recevez *les vôtres* le week-end prochain.
d) Tu as téléphoné *à tes enfants*.
- Tu as téléphoné *aux tiens*.
e) On a *son numéro de téléphone*.
- On a *le sien*.
f) Ils ont besoin de *leurs livres*.
- Ils ont besoin *des leurs*.

Unité 10. Acheter et vendre

Activité 6 et Activité 7

- On a acheté une voiture il y a trois semaines . . . notre première voiture neuve!
- Nous sommes allés au grand garage de Picardie; je dois dire que le service s'est vraiment amélioré, on a été très, très contents de l'accueil.
- Oui, on est entrés dans une grande salle d'exposition où les représentants ont leurs bureaux et nous n'avons pas eu le temps de regarder les voitures exposées. Quelques minutes seulement et un des représentants est arrivé vers nous.
- Nous voulions d'abord une bonne voiture d'occasion mais il y avait une voiture d'exposition à vendre avec une réduction de prix très intéressante.
- Tout est allé très vite, on a essayé la voiture, on l'a aimée et on l'a achetée! Bien sûr, on n'a pas eu le choix de la couleur ou le type de moteur . . . mais avec la réduction, le rapport qualité-prix était excellent!
- Le représentant nous a expliqué dans le détail toutes les

garanties et les méthodes de paiement mais pas toutes les commandes et trois jours plus tard à 11 heures comme convenu la voiture nous attendait.
- Nous sommes donc partis. Il pleuvait beaucoup ce jour-là. J'ai cherché la commande pour les balais et quand je l'ai trouvée, les balais ne marchaient pas! Nous avons dû retourner au garage!

Activité 10

- Tu me parles de la Camif mais est-ce que c'est un magasin ou un catalogue de vente par correspondance?
- Les deux, il y a des catalogues et aussi des magasins dans trois villes et des magasins spécialisés mobilier à Paris et à Lyon.
- Bon d'accord, alors tu sais que Véronique et moi on va se marier, on peut donner notre liste de mariage à la Camif?
- Bien sûr, il y a une hôtesse spécialisée qui vous conseille; vous pouvez proposer à votre entourage un grand choix d'idées cadeau et en plus le magasin vous offre un bon d'achat de 5% du montant total de la liste.
- Si on veut acheter une cuisine, est-ce que le vendeur nous conseille aussi?
- Oui, et grâce à un logiciel de conception vous pouvez visualiser votre projet sur ordinateur.
- Hum, intéressant ... et si je veux commander sur catalogue alors, quand est-ce que je peux recevoir les articles?
- ... avec l'option 'demain chez vous', tu commandes avant midi par téléphone et tu reçois les achats le lendemain.
- Si je veux passer la journée à Lille, est-ce que je peux manger au magasin?
- ... bien sûr, il y a un restaurant climatisé.

En pratique 1

exemple: réserver la chambre pour deux nuits.   On ...
- On réserverait la chambre pour deux nuits.
a) vouloir – deux chambres pour deux nuits.   On ...
- On voudrait deux chambres pour deux nuits.

b) acheter une nouvelle voiture.   Nous . . .
- Nous achèterions une nouvelle voiture.
c) vouloir prendre ta retraite.   Est-ce que tu . . .
- Est-ce que tu voudrais vraiment prendre ta retraite?
d) pouvoir aller à la plage si ta copine venait.   On . . .
- On pourrait aller à la plage si ta copine venait.
e) finir cette lettre si j'avais le temps.   Je . . .
- Je finirais cette lettre si j'avais le temps.

En pratique 3

exemple: Nous avons retourné le questionnaire au représentant.
- Nous le lui avons retourné.
a) Les vendeurs expliquent toujours les garanties aux clients.
- Les vendeurs les leur expliquent toujours.
b) Pouvez-vous nous donner votre passeport?
- Pouvez-vous nous le donner?
c) J'ai rendu le document à la cliente.
- Je le lui ai rendu.
d) Elle a apporté le cadeau à Sophie et à moi.
- Elle nous l'a apporté.
e) Donnez votre numéro de téléphone à la réceptionniste.
- Donnez-le-lui.

Unité 11. Problèmes et solutions

Activité 5

Vous avez loué un gîte. Quand vous arrivez, la maison ne correspond pas à la description.
- Entrez, je vous en prie. Alors vous avez ici la salle de séjour avec un divan lit pour une personne.
- Non c'est pour deux personnes, c'est indiqué sur la description.
- Il y a certainement erreur sur la fiche qu'on vous a envoyée! Voici la cuisine.
- Je ne vois pas le lave-vaisselle! Nous invitons des amis et nous avons besoin d'un lave-vaisselle.

- C'est vraiment surprenant! Cette description ne correspond pas du tout au gîte!
- Je crois que le système de réservation a fait erreur.
- Attendez, je regarde . . . une salle d'eau au 1er étage, mais il n'y a pas de salle d'eau!
- On voulait vraiment une douche pour nos invités. Je vais leur écrire.
- Je crois que c'est une bonne idée!

Activité 8

- Allô, Sylvain Lepage à l'appareil. Est-ce que je suis bien au bureau de M. Fauchon?
- Oui monsieur, mais Monsieur Fauchon est absent en ce moment, est-ce que vous voulez laisser un message?
- Oui, écoutez, j'ai rendez-vous avec lui à 15 heures mais à cause de la grève des routiers la circulation est très ralentie et je vais être en retard d'une heure environ.
- Un instant Monsieur Lepage, je vérifie son agenda . . . M. Fauchon est libre pour le reste de l'après-midi, vous pourrez donc le voir sans problème.
- Parfait! Est-ce que vous pouvez lui transmettre mes excuses pour ce retard?
- Ce sera fait, Monsieur, à tout à l'heure!

En pratique 1

exemple: La chambre donne sur la rue; la chambre est bruyante.
- La chambre qui donne sur la rue est bruyante.
a) La dame parle au téléphone; la dame est la réceptionniste.
- La dame *qui* parle au téléphone est la réceptionniste.
b) Le vendeur s'occupe de l'électroménager; le vendeur t'aidera.
- Le vendeur *qui* s'occupe de l'électroménager t'aidera.
c) L'hôtel se trouve près du lac; l'hôtel semble très calme.
- L'hôtel *qui* se trouve près du lac semble très calme.
d) La voiture avait gagné les 24 heures du Mans; la voiture était une Ferrari.
- La voiture *qui* avait gagné les 24 heures du Mans était une Ferrari.

En pratique 2

exemple: Tu vois la bouilloire là-bas; la bouilloire est sans cordon.
- La bouilloire *que* tu vois là-bas est sans cordon.
a) J'ai fait le problème; le problème était difficile.
- Le problème *que* j'ai fait était difficile.
b) J'ai rencontré le représentant; le représentant était très compétent.
- Le représentant *que* j'ai rencontré était très compétent.
c) J'ai organisé le voyage; le voyage a été réussi.
- Le voyage *que* j'ai organisé a été réussi.
d) Tu conduis la voiture; la voiture consomme beaucoup.
- La voiture *que* tu conduis consomme beaucoup.
e) Je rencontre le collègue; le collègue est responsable du marketing.
- Le collègue *que* je rencontre est responsable du marketing.

En pratique 5

exemple: venir chez vous demain   Il faut que je . . .
- Il faut que *je vienne* chez vous demain.
a) être en vacances.   Je travaille, bien que je . . .
- Je travaille, bien que *je sois* en vacances.
b) aller chez le docteur.   Il faut que tu . . .
- Il faut que *tu ailles* chez le docteur.
c) dire la vérité.   On veut qu'il . . .
- On veut qu'*il dise* la vérité.
d) savoir pourquoi.   Il est parti sans que je . . .
- Il est parti sans que *je sache* pourquoi.
e) faire le tour du monde.   Il est possible qu'ils . . .
- Il est possible qu'*ils fassent* le tour du monde.

Audio content

The *Voici!* audio material is available on CDs or cassettes, as follows:

CD1
Unit 1:   tracks 1–5
Unit 2:   tracks 6–12
Unit 3:   tracks 13–19
Unit 4:   tracks 20–25
Unit 5:   tracks 26–30
Unit 6:   tracks 31–35

CASSETTE 1
Side 1: Units 1–3
Side 2: Units 4–6

CD2
Unit 7:   tracks 1–5
Unit 8:   tracks 6–11
Unit 9:   tracks 12–17
Unit 10:   tracks 18–22
Unit 11:   tracks 23–29

CASSETTE 2
Side 1: Units 7–9
Side 2: Units 10–11